마른 눈물로 쓴 시

마른 헝겊로 쓴 시

하홍규

Orum Edition

■ 서시

귀천하는 그 날까지

쇳덩이는 불에 녹아 쇳물이 되어
철골로 철판으로 되살아나건만

이 몸은 어찌하여
뭉그러져 오그라들고
다시 펴지지 않는가?

귓구멍은 열려있어
세상 소리 다 들리는데

혀마저 오그라들어
말도 못 한단 말인가?

청천벽력 같은 소리
근이 측삭경화증

뭉그러진 몸으로

마른 눈물 삼키며

귀천하는 그 날까지

시를 쓰며 이 몸을 달래리라

2023년 3월

하흥규

■ 차례

서시 _ 004

제1부 무시듬 연가

무시듬 _ 012
망향 _ 013
석탄일 _ 014
명의 _ 015
나 홀로 _ 016
노모의 피서 _ 017
소전거리 _ 018
산행 _ 019
고려장 _ 020
소나기 _ 021
풀뿌리 인생 _ 022
이것이 인생 _ 023
남자의 눈물 _ 024
추석 _ 025
모과 _ 026
길동무 _ 027
축복받은 인생 _ 028
지피 따기 _ 029
소망 _ 030
해송 _ 031

청송 _ 032

죽마고우 _ 033

이발 봉사 _ 034

검은 물잠자리 _ 035

저무는 태양 _ 036

도박 _ 038

기자 _ 039

단풍 1 _ 040

단풍 2 _ 041

눈물 강 _ 042

제2부 꽃밭에서

보문단지 벚꽃 _ 044

안압지 연꽃 _ 045

들국화 _ 046

매화 _ 047

해바라기꽃 _ 048

코스모스꽃 _ 049

등꽃 _ 050

초롱꽃 _ 051

■ 차례

자심화 _ 052

양귀비꽃 _ 053

무궁화 _ 054

호접란 _ 055

제3부 보릿고개

보릿고개 _ 058

우낭소리 _ 059

금줄 _ 060

초가 _ 061

용마산 _ 062

포스코posco _ 064

와촌 휴게소 _ 065

행복의 잣대 _ 066

인생 1 _ 067

인생 2 _ 068

술 친구 _ 069

내 탓 _ 070

제비 _ 071

주목 _ 072

도토리나무 _ 073

연안 부두 _ 074

갈매기 _ 075

지게 _ 076

제4부 산사의 숨소리

로또 부인 _ 078

오뚝이 인생 _ 079

기도 _ 080

주님 _ 081

매미 _ 082

옹벽 공사 _ 083

부정 _ 084

서울이여 안녕 _ 085

백학白鶴 _ 086

뻐꾸기 둥지 _ 088

산사山寺 _ 090

잎사귀 _ 091

낚시꾼 _ 092

밤바다 낚시 _ 093

■ 차례

태공의 밤 _ 094

엄마 고디 쑥국 _ 096

물안개 _ 098

눈물 _ 100

아낙네 피서 _ 101

은행잎 _ 102

담쟁이 _ 103

당산 느티나무 _ 104

평설 | 마른 눈물 소리 들으며 | 김명순 _ 105

제1부

무시듬 연가

무시듬

녹색 물결 출렁이는 오뉴월
사방팔방 야생화 만발하고
벌 나비는 쌍쌍이 날아들고
산새들이 지져가는 내 고향

동구에 비스듬히 누운 당산 소나무에 앉아
별이 쏟아지는 여름밤
서산마루에 달 걸어 두고
농익는 청춘 사랑

초가에 등잔불 아래
도란도란 이야기꽃 피우고
하나 둘 불 꺼지고
고요히 잠드는 산골 마을

화왕산 줄기 아래
수백 년 동안
조상 대대로 뼈 묻은 터전도
잡초에 묻혀버린 무시듬

망향

초가 소박한 생활
집집마다 웃음 피고
담 넘어 오가는 정
서너 나절 일해도
삼시세끼 밥걱정
청장년들은 도시로 떠난 타향살이
같은 하늘 아래
반백 년 헤어져 살아도
생사生死도 알 수 없고
세월의 뒤안길에 서성일 뿐
새록새록 피어나는 추억
허물어진 집 빈터
문전옥답도
잡초에 묻혀버린 망향

석탄일

석가가 오신 날
어두운 세상을 밝히려고
오색 연등 걸어 두고
초대받은 끝없는 불자

법당 앞마당 주지 스님 설법
마음 비운만큼
극락세계 가기 쉽고
자비를 베풀어라

중생아 매일 성찰하고
잘못은 용서 빌고
발자국마다 업보를 내려놓고
가벼운 발걸음 보라

마음에 부처를 보지 못하고
석가가 맨발로 가신 길
희미한 진리 등불 들고 가는
끝없는 불자의 행렬

명의

안전모나 맥고모자 쓰고
피땀 흘리고 모은 돈
중절모 쓴 샌님들이 쓰고
나머지는 병원에 갖다준다

예비품 없는 몸뚱어리
치료 약 없는 희귀병 고통도
세계적인 석학들도
내일의 여백을 남겨둔다

현실에 안주하지 말고
이 세상 뚜껑 닫힐 때까지
열심히 노력하는 자
부와 명성을 얻는다

히포크라테스 선서처럼
만백성에 맡은 바 일
최선을 다하는 자
최고의 명의

나 홀로

이 세상에 혈혈단신
삶의 전쟁터 속
발자취 돌아보니
두 볼에 흐르는 눈물

생의 뒤안길에 나 홀로
전생에
모두
내 업보다

노모의 피서

열대야 꽃피는 여름밤
노모의 피서
마당 한 켠에 모깃불 피워 놓고
평상에 누워
쏟아지는 별을 헤다가
무더위가 주춤해지면
자려고 방에 들어와
텔레비전을 켜는 순간
바다로 간다고
계곡으로 간다고
고속도로에 차들이 북새통이고
해수욕장에 청춘 남녀들
반상에 법도를 무시한 채
그곳만 가리개로 가리고
뒤엉켜 노는 모습
에이 쯧쯧
저~저~ 요망한 것들
에~이 망할 놈의 세상
말세여 말세다
중얼중얼하는 노모

소전거리

농부들 콧바람 쐬는 오일장
소전거리 외진 곳
파장 무렵
매매가 활기를 띤다

매도자는 좀 비싸게
매수자는 좀 싸게
구기 오일장에 중개인 아버지

소 한두 마리 살 돈
전대를 허리춤에 차고
폐장 무렵
매매가 이루지는 날
막걸리 한잔

아버지 소 장사
앞으로 남고 뒤로 밑지니까
엄마의 불평불만 소리
초가지붕 들썩들썩

산행

봄 향기 가득한 양지쪽
설중매가 꽃망울 터뜨릴 때
잔설이 분분한 향로봉우리로 향해
구불텅구불텅한 오솔길로 올라가는 등산객
풍상설우風霜雪雨에 비틀리고 꺾이고
점점 키 작은 나무들
가쁜 숨 몰아쉬고
정상에 도착하면
발아래 펼쳐지는 산하
똑같은 산도 없고
똑같은 인생도 없고
벅찬 가슴 느낌이 다르듯
하산하는 아쉬운 발걸음
삶의 활력소를 가득 채운 산행

고려장

고희의 고갯마루
헐레벌떡 달려온 인생
전신만신 벌레 먹은 자국

꿈 많은 청춘도
자국마다 허점투성이
어설프게 물든 단풍

빛바랜 황혼 길
실타래처럼 뒤엉킨 세월
어디가 어딘가 종잡을 수 없네

아슬아슬한 외줄 타고
알고 속고 모르고 속고
발자국 돌아보니 고려장高麗葬

소나기

변덕스러운 장마철
파란 하늘 보이다가
어느새 먹장구름 뒤덮이고
하늘이 금 가듯
번갯불 여기저기 번쩍번쩍
하늘이 무너질 듯
우르르 쾅쾅 천둥소리
하늘엔 구멍 둘인 듯
동이로 퍼붓는 소나기
다슬기는 전부 이주하듯
개울가로 살금살금 나오다가
흙탕물 휩쓸려 모두 비명횡사非命橫死
삶의 터전도 삼켜버리고
온몸으로 받아들인 산천초목
흠뻑 젖는 소나기

풀뿌리 인생

세월의 고속 열차에 몸 싣고
꿈 많은 청춘도 촌각寸刻
색동옷 갈아입은 것처럼
서로서로 부대끼는 한평생

삶의 발자취 돌아보고
좋은 날은 아득하고
잘못은 후회투성이
너나 나나 풀뿌리 인생

나팔꽃보다 짧은 인생
염천 뙤약볕
목백일홍 꽃피는 것처럼
잘못은 세세히 성찰하는 삶
앞날의 행복을 위하여

이것이 인생

세월의 고속 열차를 타고
인생 소풍 길
희로애락의 삶
생로병사의 순리
언제 어디서 하차할지
아무도 몰라
조금 빨리 내리고
늦게 내리는 것
백지 한 장 차일뿐
이것이 인생

남자의 눈물

남자는 태어날 때
세 번만 울어야 한다고
그 누가 말했던가
봇물 터지듯 터지는 슬픔 어이합니까

혈육으로 맺어진 부모와 형제
보약 같은 친구
이 세상 하직할 때
가슴에 고인 피눈물은 어이합니까

감정의 동물인 인간
돌부처도 아니 울겠느냐

슬픔의 농도가 짙어질수록
가슴 깊은 곳
용솟음치는 남자의 눈물

추석

오곡백과가 익어 가는 시월
달님 만삭이 가까워질수록
달려가고픈 고향
꿈에서라도 보고픈 부모와 형제

고향에 하나 둘 와서
부평초 같은 이야기 나누고
성의껏 차례 음식 만들고
웃음꽃 피는 추석 전날

조상님 명절 차례 모시고
가까운 부모님 산소에 다녀오고
만나는 이마다
담소 나누는 고향

가진 것 없어도
언제나 반겨주고
어머니 품 같은 내 고향

모과

못난이 대명사인 모과
해마다 진분홍 꽃 피워
나그네 바짓가랑이 붙잡는다

꽃향기는 십 리 가고
모과 향기는 백리 가고
지구 반대편도
네 생각만 해도 샘솟는 침

봄부터 가을까지
손톱만 한 것 키워도
울퉁불퉁 못생겨도
맘 하나는 따뜻하더라

무서리 맞을수록 노랗게 익는 모과
새콤달콤한 맛
가을 달군다

길동무

당신과 길동무로 만나
물 위에 맹세해놓고
등 비비고 살면서
가끔 불꽃 튀는 의견충돌도
팔베개로 눈 녹듯 사그라지고
길동무 약속도
이정표 없는 갈림길에 선 지금
언제 어디서나
그분이 부르시는 날까지
짜릿짜릿한 사랑
영속되기를 기도하는 길동무

축복받은 인생

유구한 세월의 자투리 인생
미련이 남은 어제도
늘 그 자리 있는 내일도
오늘 하루를 보석처럼 살아라

세월에 송두리째 잃어버린 육신
형광등 같은 정신 줄
희로애락喜怒哀樂을 가슴에 묻고
하루 한 번은 저승길 오고 간다

삶의 향기는 미미해도
하느님 백이 있는데
무엇이 무섭고 두렵겠는가

희미한 등불 들고
예수님 가신 길
더듬더듬 따라가는
축복받은 인생

지피 따기

세미기* 산골짜기 감나무밭 변두리
지피나무 열대여섯 그루 심어 놓고
바람 따라 나선 10년 세월
밭주인이 뒤바뀌고

소만疏慢에서 단오까지
향기도 최고
가격도 최고
지피 따느라 산촌마다 야단법석

ㄱ 자로 굽은 허리
허름한 보따리 짊어지고
300미터 남짓한 거리
두서너 번 쉬었다 가는 노모

뙤약볕에 솟아나는 땀방울 훔치고
무성한 풀숲에 길 내느라
팔다리에 훑이고 베인 자리
모기에 물린 곳마다
따기 따기 한 통증도
지피 따는 바람 빠진 노모

* 세미기 골짜기 : 조천의 골짜기 지명

소망

생존경쟁이 치열한 세상
믿을 사람도 없고
못 믿을 사람도 없고
믿음과 불신은 내 몫

불신이 심술부린 만큼
믿음이 달아나고
작은 믿음이 태산도 옮긴다

불신이 떠나간 자리
믿음이 싹트고
믿음이 떠나간 자리
불신의 벽만 높아간다

겨자씨보다 작은 믿음
태산 같은 불신도
모두 내가 만든 것
비운만큼 채워지는 믿음

해송

겨우내 심술궂은 설한풍雪寒風도
올올이 은빛 토하고
가지 끝에 하얀 꽃봉오리
봄바람 익어 가는 사월
옥수수처럼 피는 송화松花

가지가 사방팔방으로 갈라져도
서로서로 바람 막아주고
날씨가 시시각각 변덕 부려도
꿋꿋하게 서 있는 해송*

세월 풍상에 덩치가 커질수록
하늘 보고 힘차게 뻗고
뿌리는 더 깊숙이 박고
먼지투성인 세상

불의不義에 타협하지 않고
솔 향기 실어 보내고
상록수 곧은 절대 지키는 해송

* 동의대 936 병실 창가에 늙은 해송 나무를 보고

청송

가만히 서 있는 청송靑松도
바람은 쉼 없이 괴롭히고
참 빗살 같은 솔잎
아침햇살
올올이 은빛을 토해낸다

사월의 끝자락
소나무 가지 끝마다
송화松花를 송이송이 피우고
샛노란 송홧가루 날리고
그윽한 솔 향기 풀어놓고
곧은 절개를 지키는 청송

세월이 층층이 쌓일수록
겹겹이 피어나는 송화도
어찌 아픔 없겠는가

찾는 이마다
가진 것 다 내어주고
너를 바라보고
지나온 발자취 돼 새기는 청송

죽마고우

병아리가 엊그제 같은 친구들
초등학교 갓 졸업한 꽃봉오리
배움에 목타는 갈증도
가난한 산촌 살림살이

여름밤 못 둑에 앉자
배움에 한풀이하듯
온 동네 떠나갈 듯
유행가 부르던 친구야

하나 둘 꿈 찾아서
낯선 도시 도시로 떠나고
방방곡곡 흩어져도
명절에 한두 번 만나도 좋았다

결혼하고 같은 하늘 아래 살아도
소식 끊긴 반세기
죽마고우竹馬故友야
보고파라
보고파라

이발 봉사

포항시 남부 장애인복지관
매월 셋째 주 목요일
두서 시간 이발 봉사하려고
생업 잠시 접어두고
팔구 명 미용사 샘이 여덟 시에 와
하얀 천을 목에 두르고
어떻게 깎아 드릴까요
개개인 요구사항 들어주고
이발기기 잡은 섬섬옥수纖纖玉手
텁수룩한 머리카락
눈으로 깎고
맘으로 다듬고
쉼 없이 이발하는 피곤함도
흐뭇해하는 장애인 모습
눈 녹듯 사그라지고
장애인은 물음표 거짓투성이 세상
바람결에 사랑을 싣고
바삐 돌아가는 세상
맘 나누는 미용사 샘
장애인 정성을 모아 찬사를 보냅니다

검은 물잠자리

두메산골 내 고향
사방팔방 야생화가 만발하고
산새들 노랫소리
벌 나비가 쌍쌍이 춤추고
집집마다 장래 꿈 찾아
모두 타향살이 떠나고
이제나저제나 찾아올까
학수고대鶴首苦待 기다리다 지쳐서
무작정 우릴 찾아 나서다가
넓고 넓은 세상에 길 잃고 방황하다
낯설고 물설고 시골 마을 삼귀지에 정착해
향수를 달래려고 낚시 갔다가
타향살이 반백 년에 만나도
반갑게 맞아주는 너
소류지 풀숲에 앉자
제 머리보다 왕 눈으로 윙크하고
청록색 가녀린 몸매
검푸른 날개를 폈다 접었다
날 가까이 오라
멋쟁이 검은물잠자리야
모진 세월 풍상에도
더불어 사는 우리 모습
후손 대대로 물려주자

저무는 태양

화왕산 줄기 아래 첩첩 산골
이팔청춘 꿈 많은 소녀
높고 가파른 갈룡고개* 너머
이대 독자 아버지께 시집와
아들딸 11명 낳고 키우느라
치마저고리 누덕누덕 기워 입고
뙤약볕에 그을린 구릿빛 얼굴
산비탈 전답田畓 일구느라
손발이 오리발 되도록
등허리가 기역자 되도록
두서너 나절 일해도
보릿고개 넘느라
허기진 세월
청춘은 아스라이 가버리고
심신心身은 자식들이 다 파먹고
팔순 노모는 빈껍데기 끌어안고
깜박거리는 정신 줄 붙잡고
자리보존紫李保存하고 누우니
머리맡에 잠꼬대 같은 소리
요거 먹어요
한술 더 먹어요

요강에 거시기 보고
어린애 달래듯 하다가도
이부자리 들치는 순간
묵은 지린내
오만상五萬相 다 찌푸리고
구시렁구시렁 거리는 소리
헤진 천륜
아니 울어도 서러운 세월
서산으로 저무는 태양

* 갈룡고개 : 화왕산 줄기인 밀양시와 창녕군의 경계선 고개

도박

도박賭博 천국에 사는 세상
대다수 양지 인생
극소수 음지 인생
땀 없이 쉽게 돈 벌려는 욕심
마약보다 위험한 도박

돈 유혹에 휘말리고
진흙탕에 빠져 발버둥 칠수록
더 깊숙이 빠지다

도박 중독에 걸린 사람
한방에 본전 꿈꾸고
패가망신 지름길

정신 차리고 돌아보니
가정은 풍비박산
때늦은 후회
배 떠난 항구

기자

설한풍 몰아쳐도 봄 오듯
기사 한 줄 쓰려고
총칼보다 무서운 펜 잡고
그대는 왕관 없는 왕

국민의 알 권리
불의에 타협하지 않고
한 발 더 빨리
새 소식 전해주는 그대

제아무리 배고파도
천만금으로 꼬드겨도
사회와 약속을 마구잡이 흔들어도
대중 속에 깨어 있는 그대

손에 펜 잡고
진실을 끝까지 파헤치려고
매일 기사를 찾아다니는 그대
세상을 지키는 파수꾼

단풍 1

따스한 봄날에 태어나
장염 같은 여름도 넘고
쉼 없이 괴롭히는 비바람
자연의 순리에 순응하려고
저마다 곱게 차려입은 잎

일교차 클수록 짙어가는 들국화 향기
맡은 소임을 다하려고
두견새 처량한 울음소리
하늘엔 별이 쏟아지는 밤
수풀에 앉자 나그네를 반겨준다

소슬바람에 우수수 떨어지는 잎
불타는 꿈 못다 이루고
꾀뚤이 장송곡 소리
하얀 서리 덮어쓰고 잠드는 단풍

단풍 2

동지섣달 긴긴밤
청풍명월淸風明月도 얼어붙고
죽은 듯 서 있는 나무야
오는 봄 기다리느냐

제주부터 백두산 상상봉까지
봄부터 가을까지
산을 호령하던 초목들
계절의 소용돌이에 다가선 가을
생을 내려놓는 잎

저마다 곱게 차려입고
붙잡은 손 놓지 않으려고 매달려도
갈바람에 우수수 지는 낙엽
찬바람에 나뒹구는 산과 들

이 땅에 살아가는 초목들
계절마다 다른 옷 갈아입고
신기루 같은 우리네 인생
여생餘生의 마무리는 단풍처럼

눈물 강

속세로 올 때
백설 같은 하얀 마음도
허상에 서서히 물드는 심신

실상을 똑바로 보지 못하고
가슴에 고인 피눈물
얼마나 더 퍼내야 알까

대문에 영혼 걸어두고
세상탐욕에 찌든 것
해진 껍데기 벗어라

노을 진 장애인 심신
짊어진 무거운 짐 내려놓고
장맛비처럼 흐르는 눈물 강

제2부

꽃밭에서

보문단지 벚꽃

봄이 영그는 4월
벚꽃 잔치에 초대받은 손님들
눈이 부시도록 하얀 드레스 입고
도로변에 아스라이 줄지어 서서
오가는 차들이 시위하듯
차들은 거북이걸음이고
차창 너머로 바라보고
우~와 토해내는 감탄사
보문단지가 들썩들썩

벚꽃으로 에워싼 보문호
만지면 터질세라
바람 불면 날아갈세라
밤이슬 먹고 피워 올리고
열흘 남짓
아지랑이 피어나는 보문단지 벚꽃

안압지 연꽃

전생에 원죄가 너무 크고
진흙 속에 발 묻고
중생을 구하러 온 당신

뙤약볕에 목 타는 갈증
썩은 물먹고
세상 탐욕에 물들지 않은 당신

홍화 백화를 피워 올리고
은은한 향기 풍기고
만인의 심금을 울리는 당신

파란 우산 뒤집어쓰고
별들의 눈물로 은구슬 만들고
안압지* 보려고 모여든 구름 인파

* 동궁 과월지

들국화

보리밭 종다리 노래하는 봄날
용광로 같은 여름도 넘고
쉼 없이 괴롭히는 바람

별들의 눈물 먹고
자연의 순리에 순응하려고
곱게 차려입고 산마루 내려오는 단풍

일교차가 클수록 짙어지는 향기
맡은 바 소임을 다하려고
귀뚤이 장송곡 소리
길손을 맞아주는 들국화

소슬바람에 우수수 지는 단풍잎
불타는 꿈 이루려고
바람같이 스쳐 가는 세월
하얀 서리 덮고 잠드는 들국화

매화

겨우내 죽은 듯 있던 매화梅花나무
산골짜기 잔설이 분분한데
봄의 전령사인 매화

꽃샘추위에 꽃망울 터트리고
향긋한 향기에 취해
단아한 기품 반해
북새통 상춘객은 꽃밭에 묻혀

삼천리강산을 울려도
토해내는 감탄사 소리
춘래불사춘春來不似春

해바라기꽃

장염 같은 여름 붙잡고
황금 접시에 노오란 깨알 꽃
달포 동안 가득히 담아 준 임

짝사랑이 수줍은 듯
사알 작 고개 숙이고
일편단심 임 따라다니다가
서쪽 하늘로 넘어가신 임

밤새도록 그리워하고
별들의 눈물로 목욕재계
동쪽 하늘로 오시는 임 마중

무정한 세월에 무임승차
님의 사랑으로 맺은 결실
흑갈색 씨알을 빼곡히 담고
찬 서리에 견디지 못해
저물어가는 해바라기꽃

코스모스꽃

봄볕에 눈 틔워
쉼 없이 괴롭히는 바람도
장염張炎 같은 뙤약볕도
작은 가슴 아려도
해맑게 미소 짓는다

풀무질하는 소슬바람
오색나비가 떼 지어 날아와
살랑살랑 춤춘다

장미처럼 화려하지 않아도
향기도 함량에 미달하여도
단아한 소녀같이
세파에 때 묻지 않은 코스모스꽃

울긋불긋 물들이는 산과 들
길섶에 다소곳이 모여 앉자
생글생글 웃는 모습
나그네 발길 붙잡는다

등꽃

산기슭을 깎아낸 벼랑 그루터기
박토薄土에 뿌리박고
수많은 갈등 속
몸뚱어리 배배 꼬고 서로서로 뒤엉켜서
뒤로 넘어질 듯
아슬아슬한 벼랑을 붙잡고
설한풍雪寒風에 죽은 듯 있다가
산 넘어오는 봄바람
헐벗은 채
꽃송이를 두 곳에 성마르게 피우고
차들이 내뿜는 매연도
남의 매서운 눈초리도
아랑곳하지 않고
지나가는 행인들
설레설레 고갤 흔들며
저게 아닌데 저게 아닌데
고속도로변 한켠에 성마르게 피어서
삶의 질긴 생명력인 등꽃

초롱꽃

뙤약볕 쏟아지는 오뉴월
솔 향기 그윽한 지곡동 아파트
앞뒤 화단에 연분홍 초롱 등 매달고
은은한 향기
향나무 은은한 향기
뒷산에 아카시아 달콤한 꽃향기
오가는 이의 마음 사로잡고
가느다란 몸매로 힘겹게 매달고
가지가 뿌려지도록 매달고
고개 숙인 너 가까이 다가가 보아라
실바람에 흔들흔들
초롱 등불이 사그라지고
청실 사랑주머니 매달고
앙증맞게 열매가 영글 때
연분홍 연등 들고 떠나는 초롱꽃

자심화

봄 꽃구경 간다고
야단법석 떨지 마라
보리밭
종다리가 엿보고 있다
그대의 자심화自心花를 보라

꽃 중의 꽃
자심화가 꽃 필적
세상은 활짝 웃는다

양귀비꽃

예쁜 여자를 양귀비라 불러도
남몰래 사랑에 푸욱 빠지면
스스로 나오기 힘들고
인생길 풍비박산
감방 신세

하얀 개망초꽃도
보라색 작은 제비꽃도
모든 꽃은 나름대로 아름답다
정열적인 양귀비꽃

무궁화

대한민국 국기國旗는 태극기
국목國木은 소나무
국조國鳥는 까치
국화國花는 무궁화

나라마다 대표하는 국기도
음양조화로 태극기가 세계 1위
오천 년 동안
외침을 수없이 막아낸 한민족

잎과 씨앗은 벌레투성이
혈통을 지키려고
헤아릴 수 없는 인내로
백일홍보다 오랫동안 꽃피는
꽃 중의 꽃 무궁화

호접란

재 너머 봄바람도
용광로 여름날도
낙엽 지는 가을날도
매섭게 휘몰아치는 설한풍에도

우리 집 베란다
붉은 나비 대여섯 마리
가지에 앉아
고개 숙이고

날다가
날갯죽지 너무 아프면
땅바닥에 앉아
메고 가도 모르게 잠자고

누가 쓸어다
쓰레기통에 집어넣어도
내 가슴에 영원히 지지 않은 꽃

제3부

보릿고개

보릿고개

사월에 보리 팰 무렵
보릿고개 넘느라
아이들은 배고파 울고
멀고 가깝지도 세월

청산 뻐꾸기도
보리밭 종다리도
배고파 길길이 우는 산과 들
허리띠 더 졸라맨 부모

초근목피로 배 채우던 시절
농부들 터지는 한숨 소리
봄바람 타고
삼천리 강산을 울린다

보리 익어 가는 오월
만삭의 보름달
보릿고개 신고 두둥실

우낭소리

재 너머 봄바람에 누운 소 깨워
쟁기 챙겨 짊어지고
우낭牛囊 장단에 콧노래 부르고
오솔길 가는 저 농부

천수답 논갈이하느라
이~랴! 짜라 짜라, 워~워
소 부질 하는 고함소리
메아리치는 깊은 산골

소하고 대화
우리 좀 쉬었다 하자
힘들어도 우짜노
강시레미* 논배미 다 갈고 가자

반세기 넘어서 고향을 찾으니
우낭 소리 들리는 듯
오솔길 걷고 싶어도
초목에 묻힌 내 고향

* 강시레미 : 무시듬 골짜기 지명 보문단지 벚꽃

금줄

씨줄과 날줄이 사랑해
삼신할미가 점지해
생명 줄 하나 붙잡고
열 달 동안
엄마 소우주에 무전취식 하다가
삼신할미에 들켜 쫓겨나
천지개벽하는 줄 알고
목이 터져라 울었지

산모와 아기가 있는 신성한 곳
부정탈까
외부 출입을 막으려고
왼쪽으로 꼰 새끼 줄
고추와 숯 솔가지를 꿰어
문 위에 금줄을 치고
삼칠일 동안
무사 안녕을 기원하며
오천 년 내려오는 풍습

초가

수천 년 내려오는 초가草家
안방과 작은방 앞 작은 대청마루
문종이로 바른 댓살 문

장난꾸러기 아이들
손가락에 침 빨라
문구멍 쏘옥쏘옥 뚫어 놓고
문구멍으로 내다보는 예행 연습

서산에 황금빛 노을 질 때
방안은 희미한 등잔불 아래
아이들 재롱부리는 소리
초가지붕 들썩들썩

수천 년 매여 둔 초가지붕도
새마을운동으로 슬레이트 지붕 갈아입고
드문드문 슬라브집으로 바뀌고
오늘날 초가草家는 관광명소

용마산

용마산* 마루에 앉자
마산시가지를 내려다보고
얽히고설킨 실타래 같고
쪽빛 바다가 가슴 적시다

여명이 밝아오면
거리로 쏟아진 청춘 남녀들
거리마다 공장으로 사라진다

서쪽 하늘 황금빛 노을
거리로 쏟아진 청춘 남녀들
휘황찬란한 불빛 아래
종종걸음을 재촉한다

저리도 많은 공장들
꿈 많은 내 청춘
찬바람에 흩날리는 낙엽인 양
나래를 펼 수가 없다

저 멀리 올망졸망한 섬
작은 배들이 돌아가는 포구

한숨 싫은 뱃고동 소리
나를 울리는 용마산

* 마산시 용마산(龍馬山) 공원이 있는 산

포스코 posco

아침마다 출근 전쟁
모든 직원들 포스코로 가려고
수많은 자전거로 형산강 다리로 밀어 드니
서문이 비좁다

손에 망치 들고 펜 잡고
선배는 앞에서 끌어주고
후배는 뒤에서 밀고
기간산업 초석을 놓는다

맡은 일은 앞 공정에 맞추고
서로의 입장을 이해하고
열심히 일하면서 배우니까
어느새 멀미가 터지고
제안 특허가 폭죽처럼 터진다

자원資源은 유한有限
창의創意는 무한無限
슬로건 아래
포스코POSCO는 영원하리라

* 멀미 : 머리가 깨우친다는 경상도 방언

와촌 휴게소

별 보고 출퇴근하던 직원들
땀범벅이 되도록
나그네 진수성찬 차리고
목이 쉬도록 부르던 사람

영 시경쯤
그 사람들 어디 갔는지
저 멀리 와촌면도
팔공산 갓 바위 부처님도
세상천지가 고요히 잠드는 밤

졸고 있는 가로등 아래
나그네 반겨주는 벤치에 앉자
불거진 휴게소는 을씨년스럽고
어디선가 소쩍새 울음소리

가는 길 재촉하니까
안전 운전하고
잘 가라
손사래 치는 와촌휴게소

행복의 잣대

뭉게구름같이 흘러가는 인생
행복의 잣대도 없고
불행의 잣대도 없고
가진 만큼 나누는 행복

멀고도 가까운 인생
희로애락喜怒哀樂도
스쳐 가는 바람처럼
나도 모르게 스치는 세월

세월의 소용돌이 속
겨자씨 같은 행복 찾으려고
세상 탐욕에 멱 잡힐수록
불행의 씨앗은 자란다

하늘나라로 가는 날까지
이 세상에 있는 것
잠깐 빌려 쓰다가
떠나는 행복

인생 1

세상사 매 순간
발자국마다 지뢰밭

요리조리 피하다가
언제 어디서 밟을지

한 치 앞도 모르는 인생
하느님이 부르시면

언제 어디서나
하던 일 멈추고 달려가리

인생 2

가깝고도 먼 인생길
종착역에 다다르면
남녀노소 빈부귀천 따로 없네

달리는 세월에 잠깐 승차하고
빨리 가라고
등 떠밀어도
가지 말라고 바짓가랑이 붙잡아도

그분이 찾아오시면
언제 어디서
하차하는 인생

술 친구

오가는 술잔에 내가 너를 마시고
네가 너를 마시고
영육 간을 비틀거리고
천지가 내 집인 양

하늘을 지붕 삼아
밤이슬 이불 삼아
자는 것도 꼴불견
깨어나면 부끄러워
필름이 끊겼다는 거짓 변명

천의 얼굴 요술쟁이
너희 유혹에 푹 빠져
세상이 내 것인 양
걸쭉하게 퍼마시는 꾼

기쁠 때 웃음 대주고
슬플 때 눈물 대주고
외로울 때 친구 대주고
술 앞에 장사 없다

내 탓

식어가는 정
누구 잘못 아니라
내 탓

인생의 희로애락
그냥 이루어지지 않는
노력의 결과물

함께 웃을 수 있도록
자비를 베푸는 것도
내가 할 일
여생의 남은 숙제

제비

수천 년 동안 중양절仲陽節
강남 가는 제비 불러 모아
삼월 삼짇날 돌아온다던
네가 오지 않는다

대청마루 위 둥지를 짓고
새끼들 키우다 속상하면
빨랫줄 바지랑대에 앉아
지지배배 울던 네가 그립다

새마을운동에 초가지붕 걷어내고
슬레이트 지붕으로 바뀐 반백 년
절반은 허물어지고
둥지를 못 찾아 안 오는가

어릴 적 뛰놀던 내 고향
안락한 둥지 짓고
푸른 들녘에 한껏 날아보고
우리 함께 살자

주목

백암산 상상봉 천제단 부근
수천 년 세월을 머금은 채
풍상설우에 온몸은 상처투성이
속까지 파먹긴 주목朱木

세상 탐욕 다 비우고
떠나고 싶어도 발이 없고
꼭 잡고 싶어도 손이 없고
속 타는 이내 마음

산봉우리에 가까워질수록
점점 키 작은 나무들
사연 들어보라
핑계 없는 것 있더냐

따스한 햇볕 쏟아지는 춘삼월
산새들 노랫소리 벗 삼아
자자손손 자라는 것 보고
여생을 즐겁게 살아가야지

도토리나무

돌고 도는 계절의 소용돌이
만리춘풍萬里春風에 기지개 켜고
젊음을 한껏 불태우고
백두산 상상봉부터
저마다 곱게 갈아입고
산등성이로 천천히 내려오고
가지마다 붙잡은 손 놓지 않고
설한풍雪寒風에 쓰린 몸 달래고
바람이 쉼 없이 괴롭혀
떡갈나무 이파리는 소리 내여 울고
작은 이파리는 합창해 울고
세월에 집단으로 항거하다가
남촌에 남풍 불 제
다음 세대에 물려주고
소리 없이 지는 도토리나무

연안 부두

운무에 묻힌 연안 부두
내 임 싣고
떠나는 야속한 배야

오대양 육대주 헤매다가
내 임 싣고
언제나 올까

오늘도
배 떠난 연안 부두
내 임을 기다립니다

갈매기

어부들 이른 새벽녘
눈 비비고 일어나
밥 한술 뜨고
주섬주섬 짐 챙겨 들고
통통배에 희망을 싣고
망망대해茫茫大海 어둠을 헤집고
수평선을 달리는 뱃길
뱃전에 부딪히는 파도 소리
한두 시간 달려 목적지에 도착
어제 처넣은 거물을 올리고
만선에 고달픔도 잊고
갈매기가 통통배를 경호하듯
어부들 코 노랫소리
이른 아침 항구에 도착
끼룩끼룩 가까이 다가와 작별 인사
내일도 또 만나자
불타는 노을 속으로 날아가는 갈매기

지게

수천 년 동안
한민족의 양어깨에 짊어진 지게
지구상에 움직이는 모든 것
자기들만의 지게 지고

욕심 많은 사람들
남보다 빨리 가려고
세상 물욕을 무겁게 짊어지고
십 리도 못 가서 주저앉는 인생

마음 비운 사람들
자기 분수에 맞게 짊어지고
쉬엄쉬엄 가는 나그네 길
천리만리 걸어가는 인생

한평생 지게 지고 다니다가
이 세상 소풍이 끝나는 날
최후의 만찬 장
벗어 놓는 지게

제4부

산사의 숨소리

로또 부인

피 끓는 청춘
운명처럼 만난 당신
희로애락喜怒哀樂을 함께한 반세기
양반 가문인 줄도 알아요

문중에 덕망 높은 큰형님 말씀
　"당대 최고의 여인이다
　　열녀비 세워주어라"
우리 가문에 보배 같은 당신

예의범절 실천하는 당신
집안일도 농사일도 척척
고향마을에 칭송이 자자
어머니도 버릴 게 하나 없다 하시고

병석에 누운 보잘것없는 남편
강산이 두 번 바뀌도록
지극정성 수발하는 당신
내 인생에 로또

오뚝이 인생

행복幸福과 불행不幸
그릇 크기에 따라 다르듯
꿈꾸는 소망
하나 둘 일구는 행복

뜬구름 같은 인생
모진 세상에 희망을 찾아
돌부리에 수없이 차이고 넘어져도
일어나는 오뚝이

아픔보다 큰 밑천 없듯
쉼 없이 달려가는 그곳
해당화 피는 인생

세상 탐욕이 사방팔방 유혹해도
잡초 속에 피는 야생화
행복 찾아가는 오뚝이 인생

기도

속세로 올 때
백옥 같은 영혼도
세상 불의에 물들지 않도록
자기 성찰

세상 오욕 채운 만큼
남의 고통 배가되고

내 밥그릇 챙기기 바빠
남의 밥그릇 보이지 않을라

하느님 부르시는 날
한 푼도 못 쥐고
육신은 한 줌 흙
영혼은 하늘로

주님

칠순의 고갯마루에 올라서서
육신이 누릴 자유
대도大盜가 훔쳐 가고
올곧은 영혼만 남았네

육신은 이름 모를 벌레가 파먹고
잠자는 영혼을 일깨워
펜 잡을 수 있도록
은총을 주신 주님

이 세상에 가장 잔인한 병
검은빛 한줄기
밝음 하나 둘 밀어낼 때마다
겹쳐지는 가족 슬픔

어설피 단풍 든 육신
갈가리 찢긴 영혼
삶을 주신 주님 곁에
가는 날까지 찬미와 흠숭을

매미

암흑세계에 육칠 년 동안
곰삭은 낙엽 먹고
밝고 넓은 세상에 소풍 오는 날
수풀에 살금살금 올라가

수놈은 갑옷을 벗는 순간
천지개벽하는 줄 알고
목이 터져라 울어 대다

어미 찾아서 사랑 찾아서
숲속 헤집고 다니며
이 나무에 메~엠 맴맴
저 나무에 메~엠 맴맴

장염 같은 여름날
시원한 초목 그늘에 앉아
우는소리인지
노랫소리인지
귀 기울여 봐도 알쏭달쏭

옹벽 공사

언덕 위 슬레이트집
옹벽 착공한 지
강산이 두서너 번 바뀌도록
가방끈이 짧은 낙하산 팀장
회의 때마다 술에 찌들어
단답형인 '예, 아니요' 질문에
'아니요' 하는 직원
어쭙잖은 말도 태클 걸고
권력 앞엔 말 못 하고
저게 아닌데 저게 아닌데
내뱉은 말 책임지지 않고
언제나 술 핑계만 대고
팀장 입맛에 맞추려고
아첨 아부하는 직원들 등에 업고
황소고집으로 밀어붙이고
조상 대대로 쌓아온 인심
한꺼번에 잃어버리고
옹벽공사는 부실투성이로
매년 장맛비에 허물어지고
운무에 묻힌 옹벽공사

부정

한 가정에 제왕적 가장家長도
달리는 세월에 몸 싣고
가족을 돌보는 사이
청춘은 신기루처럼 가버리고
얼굴에 주름살은 깊어지고
피골상접하도록
머리엔 하얗게 서리 내리도록
가장 자리 내려놓고
등이 꾸부정한 아버지께
다음에 또 올게요
그래 알았다 – 어허 가거라.
돌아서는 무거운 발걸음
부정의 깊은 줄
예전에 몰랐던 내가
내 자식 키워보니
부정의 맘 이해하니까
내 곁에 안 계시다

서울이여 안녕

북한산 정기 받고
한강물 함께 마시고
천만 명이 살아가는 서울
사방팔방 둘러봐도
논 밭떼기 하나도 없는데
서로서로 뜯어먹고 사는지
미로迷路 같은 길거리
여명黎明부터 어디로 가는지
발걸음 재촉하는 북새통 인파
빌딩 숲속으로 사라져가고
땅거미가 내릴 때
휘황찬란한 불빛 사이로
종종걸음으로
어디론가 사라지는 인파
거리 한편에 잠시 머물러도
타국에 온 이방인처럼
정 하나 둘 데 없고
서울이여 안녕

백학白鶴

빨간 족두리 쓰고
황갈색 연지 바르고
까맣게 눈썹 그리고
긴 목에 까만 목도리

날개 끝 까만 포인트 주고
긴 다리에 회색 스타킹 신고
하얀 드레스 입은 우아한 자태
백년가약 맺으면
금실 좋기로 소문난 부부

두루미는 겨울 철새
머나먼 시베리아에 찾아와
횅한 들녘과 차가운 강가서
매일 먹거리 찾아 헤매다가
아무리 춥고 배고파도
남의 것 탐하지 않네

서쪽 하늘 노을 질 때
청솔 숲으로 돌아와 노닐다가
자라목 잠자고

청빈하게 살다가
한쪽이 죽으면 재혼하지 않고
여생은 자식들과 함께 살고
일편단심 임 그리는 백학白鶴

뻐꾸기 둥지

녹음으로 색칠하는 오월
꽃들이 만발하는 산과 들
새들은 둥지를 짓고
어미가 알 품고 있을 때
남의 집에 폭군처럼 쳐들어가
알을 낳고 가버리는 매정한 어미

자기 알인 줄 알고
보름 정도 품었다가 먼저 태어나
양 어미 사랑을 독차지하려고
새끼를 둥지 밖으로 떨어뜨리고
제 새끼인 줄 알고 키우다가
둥지를 떠날 때 알고
가버리는 양 어미

천애고아로 수풀 속 남아
무섭고 두려워서 울까
어미를 찾아서 울까
임 그리워 울까
멀리서 가까이서 귀 기울여도
알쏭달쏭 아리송해

이 산에서 뻐꾹 뻐꾹
저 산에서 뻐꾹 뻐꾹

산사山寺

병풍처럼 둘러친 높은 산
스님들 천당 가는 길

조석朝夕으로 빌어도
중생들 한평생 하소연
사회에 못다 베푼 정

처마 끝에 우는 풍경
심신을 매달고
세상 오욕이 촛농 되어 흐르고
스님들 예불 소리
대웅전 용마루를 넘어가네

잎사귀

잎사귀도 하나의 인생
인생도 하나의 잎새

산천초목도 돌아가는 계절
손잡고 있을 때
한 그루 꽃나무가 되지

생의 끝자락
붙잡은 손 놓는 순간

하나하나가 작은 꽃
형형색색 떨어진 잎
행인들에 짓밟히고
찬바람에 이리저리 나뒹굴어도
잎사귀도 하나의 꽃

낚시꾼

불타는 저녁노을 안고
세월을 통째로 낚으려고
부푼 꿈 젖어
인적 드문 계곡 지에 도착
명당자리에 낚싯대를 조율해 놓고

사방팔방 어둠에 휩싸이고
고요한 정적을 깨뜨리고
소쩍새 애달픈 노랫소리
내 마음 이리도 짠할까

무아지경 찌를 응시
스멀스멀 솟아오를 때
챔질 하는 순간 무직한 전율
짜릿한 손맛

제아무리 취미가 좋아도
자손만대 물려줄 환경
쓰레기를 되가져오는
기본을 실천하는 낚시꾼

밤바다 낚시

아내의 쓰디쓴 잔소리도
말 한마디 못 하고
세월을 통째로 낚으려고
동해의 황금빛 포구로
삼삼오오 모여드는 꾼
등댓불 깜박이는 밤
방파제 데트라포트*에 서서
찌 불 재롱에 푹 빠져
낚싯줄 조율하는 꾼
두서너 시간 기다리고
찌가 스멀스멀 자맥질할 때
낚아채는 순간
묵직한 전율
다급히 뛰는 심장박동
더께더께 찌든 삶의 찌꺼기
바닷물에 씻으려는 꾼
발아래 파도가 하는 말
채우지 못할 세상 욕심
모두 내려놓아라

* 시멘트로 삼각형으로 만든 방파제에 쌓아 놓은 것

태공의 밤

삶에 쌓인 스트레스 풀려고
오후 해거름쯤
뒤통수에 팔자 좋은 놈
양 어깨에 낚시 가방 지고
석양을 안고 도착한 계곡지

낚싯대를 조율해 놓고
사방팔방 어둠에 휩싸이고
별들이 쏟아지는 밤하늘
어디선가 들려오는 두견새 소리
주위에 풀벌레 합창 소리

반백 년 낚시를 해왔어도
월척 기다리는 마음 모르겠네
찌 불이 서서히 움직일 때
숨소리마저 죽이고 집중해도
찌는 미동도 하지 않고
가끔 찌를 바라볼 뿐

내 걸어온 발자취 성찰해 보고
먼 미래도 설계해 보고

세월 따라 흘러가는 밤
산사에 들려오는 종소리
잠자던 새벽을 깨우고
찌든 마음은 물안개 타고 두둥실
세월 낚은 태공의 밤

엄마 고디* 쑥국

하늘나라 가신지 이십여 년
아직도 고향에 계시는 것 같아
루게릭* 병마에 몸 잡혀
가고 싶어도 갈 수가 없고
아내와 고향 집 찾으니

빈집에 엄마 손때 묻은 곳
넋 놓고 바라다보다
불효자는 눈물이 핑 돌고
엄마 생각에 잠기네

땅 고개 너머 봄이 오면
양지쪽 쑥 캐고
햇살 따듯해지는 정오쯤
백 년 넘도록 마을 위 뜸 빨래터
얼음장 같은 상보* 봇도랑
한자 남짓한 물 깊이
한 시간 남짓 고디 잡고
온몸이 덜덜 떨릴 때
집에 와 커피 한 잔 끓여 마시고
쑥 다듬고

밤이 이슥하도록 고디 까고

엄마가 끊어 주던 고디 쑥국

* 고디 : 다슬기 경남 방언

* 루게릭 : 50세에 찾아온 병마(20년)

* 상보 : 저수지에 고향 마을 앞을 지나는 봇도랑

물안개

서쪽 하늘 황금빛 노을 안고
영천 대성지에 도착
월척이 출몰하는 자리에 앉아
낚싯대를 조율해 놓고
커피 한잔 마시고
사방팔방 어두움에 묻히고
하늘에 별이 쏟아지는 밤

파란 찌불에 매료된 사이
소쩍새 애달픈 노랫소리
귀뚜리 장송곡 소리
풀벌레 이별가 합창 소리
내 발자취 되짚어보고
펄럭이는 상상의 나래로

새벽이 가까워질수록
기온 점점 떨어지고
스멀스멀 피어나는 물안개
까만 밤 하얀 밤 지새우고
동쪽 하늘이 밝아오면
투명한 세계로 표백되어

풀잎마다 은구슬 매달고
흠뻑 젖은 낚싯대를 걷어
물안개 속으로 사라지는 태공

눈물

속세로 올 때
백설기 같은 하얀 마음
허상에 길든 심신

실상을 똑바로 찾지 못하고
가슴에 고인 피눈물
얼마나 더 퍼내야 알까

대문에 영혼을 걸어 두고
세상 물욕에 찌든 것
헤진 껍데기 벗어라

노을 진 심신心身
짊어진 짐 다 내려놓고
폭포처럼 쏟아지는 눈물

아낙네 피서

하늘 보고 농사짓는 산골 마을
한여름 피서避暑하려고
산짐승도 잠자리 같은 곤충도
힘센 자를 피해 개울가로

개구쟁이들은 보 막은 곳에 멱 감고
아낙네 땀에 찌든 몸뚱어리
남편 사랑 퍼 담으려고
하얀 밤 까만 밤 어둠 틈바구니
인적 드문 곳

뉘가 볼까 두리번거리고
훌훌 옷 벗고 멱 감고
콧노래 부르고 오는 오솔길
돌부리가 태클 걸어 넘어뜨리고
무릎 깨고 절뚝절뚝 집에 오니까
화가 난 신랑 왈
여자가 조심 좀 하지
화나고 무안하고
가슴 아프게 야단맞는 아낙네 피서

은행잎

문 앞에 연둣빛 가냘픈 너
꿈 많은 청춘을 뽐내던 너
백두부터 한라까지
저마다 아름답게 단장하고
산마루 내려온 너

샛노랗게 갈아입은 은행잎
붙잡은 손 하나둘 놓고
간밤 길 위에 소복소복 쌓이고
행인들 구둣발에 짓밟히고

학생들 등굣길에 샛노란 잎 주워
책갈피에 고이 넣어
추억의 여백을 안고
천년만년 사랑받는 은행잎

담쟁이

여름 장염 같은 뙤약볕
장밋빛 꿈 이루려고
담부랑 그루터기에 뿌리박고
시멘트 수직 벽 붙잡고
아슬아슬 곡예 하듯
하늘 보고 야금야금 올라가고

녹색 옷 짓고
한낮에 탈진해 엎드려 있고
해거름쯤 살며시 고개 들고
하얀 밤 까만 밤
별들의 눈물 먹고
주어진 운명인 양

탐욕에 묻힌 세상 일깨우려
무언의 메시지
숨 쉬는 그날까지
어떤 조건도 포기하지 말고
담쟁이처럼 목표를 향해
뚜벅뚜벅 걸어가리

당산 느티나무

천년 세월을 부여안은 당산나무
불청객인 뭇 벌레들도
안팎으로 무허가 집 짓고
끼리끼리 너스레 떤다

일곱 암자를 거느린 조천사
언제 왜 없어졌는지
구전口傳으로 희미하게 전해질뿐
불로 소실되고 지은 억만 사지寺址

탁발승 백팔번뇌 바람결에 싣고
목탁 소리 아련히 들리는 듯
긴 세월 감내하고
절터를 지키는 수호신

조상 대대로 희로애락을 나누고
인걸은 수천 번 오가고
풍상설우風霜雪雨가 쉼 없이 괴롭혀
속 빈 강정 같은 당산 느티나무

* 조천마을 당산 느티나무: 둘레 6m, 높이 5~60m 되는 천년 고목, 경남 도수(道樹)로 지정

■ 평설

마른 눈물 소리 들으며

문학박사 김명순[1]

　하흥규(河興奎) 시인은 2017년 인터넷을 검색하여 무명의 김명순을 찾아내어 간병인을 통해 전화를 걸어왔다. 사연을 들어보니 루게릭병으로 투병 중인데 아무것도 할 수 없어 시를 쓰는 일이 유일한 일이었다. 작품을 받아 살펴보니 살아온 생애를 그림처럼 그려내고 있었다. 하 시인이 삶을 버텨내는 힘을 시 창작으로부터 얻고 있었다. 하흥규 시인은 대전문인총연합회에서 발행하는 계간『한국문학시대』제50호(2017년 가을호)에 /물 봉선화/ 외 4편의 시를 발표하여 한국문학시대 우수작품상을 수상하여 시인으로 등단하였다.

　하흥규 시인은 열심히 시를 써서 이메일로 보내 살펴달라고 하였다. 열심히 창작 활동을 하여 2018년 8월 24일 오름기획에서 그의 첫 시집『무시듬』을 발간하였다. 그는 그의 고향 밀양의 '무시듬' 마을을 떠날 수 없어 첫 시집을『무시듬』으로 정했다. 그의 시집 발간 소식이 경북 매일신문 윤희정

---

[1] 김명순, 필명 김명아 문학박사, 대전문인총연합회장, 국제펜한국본부 이사

기자에 의해 보도되자[2] 시집이 모두 판매되었다.

다시 4년의 세월이 흘러 하홍규 시인한테서 원고 뭉치가 날아오기 시작했다. 방바닥에 엎드려 한 손가락으로 자판을 두드려 쓴 시를 받아 정리하기가 쉽지 않았다. 환자한테 뭐라 말 못 하고 그의 시를 읽으며 수많은 기도를 올렸다. 포항과 대전 거리는 멀어도 마음은 이웃처럼 가까웠다. 그는 시를 쓰며 에너지를 얻고 있다. 내일 쓸 또 다른 이야기가 있어서 오늘을 즐겁게 살 수 있는지도 모른다. 이 시집은 그가 이십여 년의 투병 생활을 버텨온 흔적이며 앞으로 살아갈 에너지이다.

Ⅰ. 무시듬 하늘을 날며

하홍규 시인은 그의 고향 '무시듬'을 떠날 수 없다. 무시듬에 살며 있었던 이야기들을 찾으러 한 마리 새가 되어 날마다 무시듬 하늘을 나는지 모른다. 화왕산 아래 조상 대대로 수백 년 동안 지켜온 터전을 떠나 도시의 빈방에 홀로 누워 천정에 그려지는 고향을 날마다 그리고 있다.

> 동구에 비스듬히 누운 당산 소나무에 앉아
> 별이 쏟아지는 여름밤
> 서산마루에 달 걸어 두고

---

[2] http://www.kbmaeil.com/news/articleView.html?idxno=460227

농익는 청춘 사랑
- 무시듬 2연

 어릴 적 무시듬 마을 입구에 서 있는 커다란 당산 소나무에 걸터앉아 별이 쏟아지는 여름밤 달이 서산에 걸칠 때까지 나누던 사랑의 추억을 되살리고 있다. 고향을 그리며 청춘을 추억하며 시인은 소생의 힘을 얻고 있다.
 그런가 하면「망향」이라는 시에서는 모두가 도시로 떠나 잡초에 덮여있는 빈 마을 무시듬을 그리워하며 공허함에 젖는다. 열심히 살아온 청년이 병들어 신음하는 자신의 모습과 대비되는 허무에서 벗어날 수 없는 고통을 노래하고 있다.

「석탄일」에서 시인은 법당을 찾아갈 수 없지만, 상상으로 법당을 찾아 설법을 찾아내니 그의 마음 안에는 법당이 있는 것이다. 허무를 달래기 위해 종교적 해탈의 경지에 이르고 싶은지도 모른다.

법당 앞마당 주지 스님 설법
마음 비운만큼
극락세계 가기 쉬우니
자비를 베풀어라

중생아 매일 성찰하고

> 잘못은 용서 빌고
> 발자국마다 업보를 내려놓고 가는
> 가벼운 발걸음 보라
>   - 석탄일 2~3연

「명의」에서 그는 '근이 측삭경화증(루게릭)'이라는 불치병에 걸려 수없이 많은 명의를 찾아다니다 드디어 찾은 명의는 바로 자기 자신이라는 것을 깨닫는다. 자신이 포항제철 노동자로 일할 때 안전모를 쓰고 일했다는 것은 위험을 무릅쓰고 목숨을 걸고 일을 해서 돈을 벌었는데 허망하게 돈을 쓰며 병원비로 다 나간다고 한탄하고 있다.

> 현실에 안주하지 말고
> 이 세상 뚜껑 닫힐 때까지
> 열심히 노력하는 자
> 부와 명성을 얻는다
>
> 히포크라테스 선서처럼
> 만백성에 맡은 바 일
> 최선을 다하는 자
> 최고의 명의
>   - 명의 3~4연

그러나 그는 독백하며 스스로 그 답을 찾아냈다. 불치병의 환자가 할 수 있는 일은 무슨 일이든 최선을 다하는 것이 최고의 명약이 명의는 바로 자신이라고 선언하고 그 선언을 지키고 있다. 환자가 무슨 일을 하겠는가? 바로 시를 쓰는 일이다. 그가 시를 쓰는 이유는 자신의 이야기를 남기는 데 있는 것이 아니라 자신처럼 어려운 여건에 있는 사람에게 희망을 주기 위한 일이라는 것이다.

시인은 늘 홀로 울고 있다. 그는 「나 홀로」에서 전쟁같이 살아온 한평생 뒤돌아보니 두 볼에 눈물만 흐른다고 했다. 그러나 남의 탓을 하지 않고 무엇을 잘하고 무엇을 잘못했는지 모르지만 모두 다 내 업보라고 고백하며 눈물을 흘리고 있다. 시인은 시를 쓰지만, 여기에서만 우는 것이 아니라 늘 마른 눈물을 흘리며 소리 내는 것이 그의 시이다.

>   이 세상에 혈혈단신
>
>   삶의 전쟁터 속
>
>   발자취 돌아보니
>
>   두 볼에 흐르는 눈물
>
>   생의 뒤안길에 나 홀로
>
>   전생에
>
>   모두 다
>
>   내 업보다
>
>   – 「나홀로」 전문

텔레비전을 켜고 해수욕장에서 남녀들이 노는 모습을 보고 노모를 생각한다. / 그곳만 가리개로 가리고 / 뒤엉켜 노는 모습 / 에이 쯧쯧 / 저~저~ 요망한 것들 / 에~이 망할 놈의 세상 / 말세다 말세다 / 중얼중얼하는 노모 / 어머니의 생각에 동의한다는 의미가 있다고 보아 그는 효자이다. 그의 생각은 보수적이라고 볼 수도 있지만 노출이 심한 현세를 바라보는 비판 의식을 가지고 있음을 알 수 있다.

그의 아버지는 '소 장사'였다. / 구기 오일장에 중개인 아버지 / 소 한두 마리 살 돈 / 전대를 허리춤에 차고 / 폐장 무렵 매매가 이루지는 날 / 막걸리 한잔 / 아버지 소 장사 / 앞으로 남고 뒤로 밑지니까 / 엄마의 불평불만 소리 / 초가지붕 들썩들썩 / 아버지와 어머니의 다툼 소리에 그는 엄마의 마음도 알고 아버지의 심정도 다 아는 것이다. 그의 뇌리에 깔린 이야기를 기억하여 문자화하는 것이 그의 유일한 낙이며 부모님의 영혼과 소통하는 행위이니 그의 효심에 감동하지 않을 수 없다.

그의 영혼은 늘 고향 하늘을 맴돌고 있다. 「산행」이라는 시는 그가 실제로 산행한 것이 아니라 젊었을 때 한 '산행' 이야기를 지금 재현하면서 산행의 기쁨을 느끼는 것이다. / 가쁜 숨 몰아쉬고 / 정상에 도착하면 / 발아래 펼쳐지는 산하 / 똑같은 산도 없고 / 똑같은 인생도 없고 / 벅찬 가슴 느낌이 다르듯 / 하산하는 아쉬운 발걸음 / 삶의 활력소를 가득 채운 산행 / 옛 시절의 그리움을 떠올리며 마치 지금 산행하는 듯 만족감에 젖어 드는 여유가 그가 사는 힘의 원천이다.

그런가 하면 자기 삶의 모습을 관조하고 있는 「고려장」을 살펴보면 가슴 휑하게 부는 바람처럼 마른 눈물이 난다. 자신의 모습을 벌레 먹은 나뭇잎이 어설프게 물든 단풍이라고 노래하고 있다. / 꿈 많은 청춘도 / 자국마다 허점투성이 / 어설프게 물든 단풍 / 얼마나 적절한 표현인가? 고희의 고갯마루 / 빛바랜 황혼 길 / 실타래처럼 뒤엉킨 세월 / 어디가 어딘가 종잡을 수 없네 / 라고 현실을 노래하면서 / 아슬아슬한 외줄타고 / 알고 속고 모르고 속고 / 발자국 돌아보니 고려장(高麗葬) / 이라고 자신의 현재 모습을 그대로 노래하고 있다. 초월적 초자아의 경지에 있기에 그는 이러한 수행과정에서 에너지를 얻어 영적인 생활을 하고 있는 것이다.

시인은 「소나기」에서 / 우르르 쾅쾅 천둥소리 / 하늘엔 구멍 뚫린 듯 / 동이로 퍼붓는 소나기 / 다슬기는 전부 이주하듯 / 개울가로 살금살금 나오다가 / 흙탕물 휩쓸려 모두 다 비명횡사 / 한다고 노래하고 있다. 소나기에 다슬기가 개울가로 나오다가 휩쓸려 떠내려가는 모습을 보고 자연의 섭리 앞에 자신의 운명도 다슬기처럼 위태롭다고 말하는 것 같다. 다슬기는 떠내려가도 죽지 않는다. 어딘가에 가라앉아있다가 물이 빠지면 어느 바윗돌에 붙어 이끼를 빨아먹을 테니까.

「풀뿌리 인생」에서 / 나팔꽃보다 짧은 인생 / 염천 뙤약볕/ 목백일홍 꽃피는 것처럼 / 잘못은 세세히 성찰하는 삶 / 앞날의 행복을 위하여 / 라고 노래하고 있다. 하루 동안 피었다가

지는 나팔꽃보다 짧은 인생이라고 했다가 시선은 바로 백일동안 피고 지는 '목백일홍'으로 옮겨 가 잘못을 성찰하며 앞날의 행복을 기원하고 있다. 나팔꽃은 하루 동안 피고 지지만 나팔꽃 나무는 시들지 않고 목백일홍이 백일을 피는 것은 한 송이 꽃이 백일을 가는 것이 아니라 새로운 꽃이 피고 지고 백일을 이어 피는 것이다.

「남자의 눈물」에서 / 슬픔의 농도가 짙어질수록 / 가슴 깊은 곳 / 용솟음치는 남자의 눈물 / 이라고 노래하고 있다. 이 눈물은 소리 내어 눈물을 흘리며 우는 눈물이 아니다. 빈 가슴을 쓸며 허공을 바라보며 우는 탄식의 마른 눈물이다. 눈물을 흘리다 손등으로 훔치고 말릴 수 있는 눈물이라면 얼마나 좋을까? 슬픔의 끝이 보이지 않는 운명의 슬픔은 눈물 없는 마른 눈물로 울며 사는 인생이다. 남들은 내가 우는지 모르니까 그냥 웃어 보이며 사는 것이다. 울어야 산다, 운다는 것은 살아있다는 것이다. 엉엉 소리를 내 울 때도 있고 마른 가슴 훑어 내리며 소리 없이도 울어야 한다. 운다는 것은 자기표현이며 소리를 질러 우주 천기를 흡입하는 큰 숨이다. 하흥규 시인은 시를 쓰며 소리 없는 마른 눈물을 흘리며 에너지를 충전하는 것이다. 죽지 않는 방법을 알고 있다. 「모과」에서도 그는 / 무서리 맞을수록 노랗게 익는 모과 / 새콤달콤한 맛 / 가을을 달군다 / 라고 했다. 모과는 자신을 뜻한다. 어려울수록 참고 견디면 모과가 새콤달콤한 맛으로 익어 가듯 자신도 잘 익은 사람이 되어간다고 말하는 것이다. 시는 성찰의 에너지를 시인에게 주는 것이다. 이것이 시를 쓰는 의미이며 매력이다.

  다음은 하홍규 시인이 자신의 아내를 「길동무」라고 하며 남편 노릇 못하고 사는 자신을 탓하며 곧 헤어짐을 예견하며 죽더라도 영원한 길동무가 되자고 고백하고 있다. 유언은 죽을 때 하는 것이 아니다. 죽을 때는 유언할 힘도 정신도 없다. 맨정신으로 살아있을 때 냉철한 마음을 고백하는 것이다. 이러한 에너지를 가지고 있다는 것이 그의 정신은 건강하며 그의 몸을 더 지탱할 수 있다고 보는 것이다.

      당신과 길동무로 만나
      물 위에 맹세해놓고
      등 비비고 살면서

      가끔 불꽃 튀는 의견충돌도
      팔베개도 눈 녹듯 사그라지고
      길동무 약속도
      이정표 없는 갈림길에 선 지금

      언제 어디서나
      그분이 부르시는 날까지
      짜릿짜릿한 사랑
      영속되기를 기도하는 길동무
                   -「길동무」 전문

시인은 자신을 「축복받은 인생」이라고 노래하고 있다. / 세월에 송두리째 잃어버린 육신 / 형광등 같은 정신 줄 / 희로애락 가슴에 묻고 / 하루 한 번은 저승길 오고 간다 / 고 자신의 어려움을 고백하지만 / 희미한 등불 들고 / 예수님 가신 길 / 더듬더듬 따라가는 / 축복받은 인생/ 이라고 말하고 있다. 자신의 삶을 성자의 삶에 비유하는 것은 성자의 삶처럼 마음과 영혼을 보듬고 있다는 것이다. 시인은 어떤 특별한 종교에 귀의한 것은 아닌 것 같다. 부처님도 부르고 예수님도 부르고 하느님도 부르며 절대자의 영성을 따르고자 하는 영혼을 가지고 있다는 것은 늘 긍정적이고 행복한 상태를 추구하고 있다는 것이다.

　그를 지키는 나무는 소나무이다. 무시듬 당산을 지키는 소나무가 있는가 하면 그가 동의대 936 병실에 입원하고 있을 때 창가의 늙은 해송 나무를 보고 소생의 에너지를 얻은 것이다. 「해송」에서 / 겨우내 심술궂은 설한풍(雪寒風)도 / 올올이 은빛 토하고 / 가지 끝에 하얀 꽃봉오리 / 봄바람 익어 가는 사월 / 옥수수처럼 피는 송화 / 라고 노래하며 해송의 에너지를 호흡하고 / 불의(不義)에 타협하지 않고 / 솔 향기 실어 보내고 / 상록수 곧은 절개 지키는 해송 / 이라고 노래하며 자신을 해송과 동일시함으로써 자기 삶의 방향을 설정해놓고 있다. 그는 「청송」이라는 시에서도 / 가만히 서 있는 청송(靑松)도 / 바람은 쉼 없이 괴롭히고 / 참 빗살 같은 솔잎 / 아침햇살 / 올올이 은빛을 토해낸다 / 고 하며 사람의 쉼 없는 괴롭힘 속에서도 올올이 은빛을 토해낸다고 노래하며 자신이 어려운 수렁에 빠져 괴롭지만 존재가치를 발현하겠다는 의지를 토해내고 있다. 사람이 아닌 나무를 / 찾는 이마다 / 가진 것 다 내어주고 / 너를 바라보고 / 지나온 발자취 돼 새기는 청송 / 이라고 노래한 것은 자신과 청송을 동일시함으로써 영원한 에너지를 받고 있다.

Ⅱ. 꽃밭에서

시인은 꽃을 좋아한다. 지금은 꽃을 찾아다닐 수 없지만, 그의 기억 속에 있는 꽃은 그가 과거에 경험한 화무의 시간을 의미하는 것이며 지금도 그의 가슴에는 꽃이 피고 있어 그에게 밝은 에너지를 주고 있다. 경주 「보문단지 벚꽃」을 노래하며 과거를 현실로 소환하며 환희에 젖는다.

>   벚꽃으로 에워싼 보문호
>   만지면 터질세라
>   바람 불면 날아갈세라
>   밤이슬 먹고 피워 올리고
>   열흘 남짓
>   아지랑이 피어나는 보문단지 벚꽃
>   －「보문단지 벚꽃」 제2연

「안압지 연꽃」 1~2연을 보면 연꽃을 당신이라고 부르고

있다. 연꽃의 상징성은 부처이다. 중생을 구하러 온 부처님 세상 탐욕에 물들지 않은 부처님을 부르면서 시인 자신과 동일시하며 절대자를 부르는 시인의 이상이 담겨있는 시이다.

　　　전생에 원죄가 너무 크고
　　　진흙 속에 발 묻고
　　　중생을 구하러 온 당신

　　　뙤약볕에 목 타는 갈증
　　　썩은 물먹고
　　　세상 탐욕에 물들지 않은 당신
　　　　　　　　　　－「안압지 연꽃」제1~2연

　그런가 하면 자연의 순리에 순응하는 초연한 마음을 가지고 있다. 자신의 삶이 끝나는 날을 들국화에 비유하여 예견하고 있다. 죽어서도 오래 살며 향기 날리고 싶은 들국화처럼 하얀 서리 덮고 잠들고 싶다는 것이다.

　　　소슬바람에 우수수 지는 단풍잎
　　　불타는 꿈 이루려고
　　　바람 같이 스쳐 가는 세월
　　　하얀 서리 덮고 잠드는 들국화
　　　　　　　　　　－「들국화」제4연

시인은 「매화」, 「해바라기」, 「등꽃」, 「찔레꽃」, 「초롱꽃」 등 꽃을 좋아하지만 「코스모스」를 좋아한다. 소슬바람 타고 오색나비가 떼 지어 날아와 살랑살랑 춤춘다고 노래한 것은 실제로 나비가 날아와 춤추는 것이 아니다. 세상에 오색나비가 날아올 리가 없다. 빨강, 분홍, 흰색 꽃이 활짝 피어 바람에 흔들리는 정경을 노래한 것이다. 한 송이씩 살펴보면 장미보다 화려하지 않지만, 소녀같이 소박한 꽃에 매료되는 시인의 인품을 짐작할 수 있다.

    풀무질하는 소슬바람
    오색나비가 떼지어 날아와
    살랑살랑 춤춘다

    장미처럼 화려하지 않아도
    향기도 함량에 미달하여도
    단아한 소녀같이
    세파에 때 묻지 않은 코스모스꽃

    울긋불긋 물들이는 산과 들
    길섶에 다소곳이 모여 앉자
    생글생글 웃는 모습
    나그네 발길 붙잡는다
            -「코스모스」 제2~4연

그러나 그가 제일 좋아하는 꽃은 「자심화(自心花)」이다. 그가 좋아하는 모든 꽃은 그의 가슴에 자심화를 피우기 위한 것들인지도 모른다. 자기 가슴 속에 피는 마음의 꽃이 제일 중요하다는 것이다. 자신의 마음이 꽃처럼 활짝 필 때 함께하는 사람들이 웃고 좋아하니 세상을 밝히는 등불이 아닌가.

    봄 꽃구경 간다고
    야단법석 떨지 마라
    보리밭
    종다리가 엿보고 있다
    그대의 자심화(自心花)를 보라

    꽃 중의 꽃
    자심화가 꽃 필적
    세상은 활짝 웃는다
            - 「자심화」 전문

하흥규 시인의 관조적 능력은 다양한 면에서 사물을 관조함으로써 자신을 관조하고 있다. 그가 꽃을 유난히 좋아하는 것은 모든 꽃을 통해 자신을 관조하고 있기 때문이다. 그러기에 그에게 자심화는 모든 꽃이다. 그는 그를 둘러싸고 있는 삼라만상이 자심화인지도 모른다. 무시듬 고향 마을 지키는 바위덩이와 수호신처럼 서있는 당산나무도 그에게는 자심화이며 사랑하는 아내와 자식들 어렸을 적 죽마고우도 자심화이다.

하흥규 그는 애국자이다. 산업 역군으로 포스코에서 근무한 것을 누워있지만 세상을 한탄하지 않고 있다. 다음 시 무궁화에 잘 나타나 있다.

　　　　대한민국 국기(國旗)는 태극기
　　　　국목(國木)은 소나무
　　　　국조(國鳥)는 까치
　　　　국화(國花)는 무궁화

　　　　나라마다 대표하는 국기도
　　　　음양조화로 태극기가 세계 1위
　　　　오천 년 동안
　　　　외침을 수없이 막아낸 한민족

　　　　잎과 씨앗은 벌레투성이
　　　　혈통을 지키려고
　　　　헤아릴 수 없는 인내로
　　　　백일홍보다 오랫동안 꽃피는
　　　　꽃 중의 꽃 무궁화
　　　　　　　－「무궁화」 전문

무궁화를 대한민국과 동격으로 보며 무궁화를 노래하고 있다. 대한민국 국기, 국목, 국조, 국화를 부르고, 음양조화 태극기를 세계 1위로 꼽으며 오천 년 동안 외침을 수없이 막아낸 한민족이 자랑스럽다고 노래하고 있다. 마지막 연에서 무궁화를 노래하고 있는데 /잎과 씨앗은 벌레투성이/ 이지만 / 혈통을 지키려고 / 헤아릴 수 없는 인내로/ 백일홍보다 오래 꽃 피는 꽃 중의 꽃이 무궁화라고 노래하고 있다.

여기서도 「무궁화」가 시인에게는 자심화이다. 무궁화는 진딧물 등 병충해가 많이 끼는 나무이다. 무더운 여름 벌레와 싸워가며 꽃을 가을까지 피워낸다. 마치 병든 자신이 아픔을 이겨내며 시를 써서 마음의 꽃을 피워내고 있듯이 무궁화를 노래하고 있다.

Ⅲ. 보릿고개

시인이 성장하던 시기에는 보릿고개라는 말이 있었다. 쌀과 보리가 주식이던 시절인데 농토가 넉넉하지도 않고 옛날 벼는 오늘날처럼 벼 나락이 많이 열리지도 않았다. 한 마디로 쌀이 귀해서 겨울 삼동을 지나면 먹을 쌀이 없는 것이다. 고구마밥, 나물밥, 무밥, 콩나물밥 등으로 겨울을 나도 춘삼월이면 쌀이 떨어진다. 음력 사월이면 보리가 영글지도 않은 때인데 풋보리 모가지를 끊어다가 파란 풋보리 밥을 먹으며 살았다. 아이들은 양이 차지 않아 배고파 울고 어른들은 찬물 한 바가

지로 허기를 달래던 세월 뻐꾸기가 우는 것도 종달이가 우는 것도 배고파 우는 소리로 들려 더 배가 고팠던 시절이 있었다. /초근목피로 배 채우던 시절/ 이라는 말은 봄이면 논두렁 밭두렁에서 쑥, 냉이, 벌금자리, 지칭개 등의 나물을 뜯어다 먹으니 초근(草根)이요, 산에 가서 소나무 껍질을 벗겨 먹었으니 목피(木皮)이다. /농부들 터지는 한숨 소리/봄바람 타고/삼천리강산을 울린다/ 고 노래하며 옛날을 회상하고 있다.

사월에 보리 팰 무렵
보릿고개 넘느라
아이들은 배고파 울고
멀고 가깝지도 세월

청산 뻐꾸기도
보리밭 종다리도
배고파 길길이 우는 산과 들
허리띠 더 졸라맨 부모

초근목피로 배 채우던 시절
농부들 터지는 한숨 소리
봄바람 타고
삼천리강산을 울린다

보리 익어 가는 오월

만삭의 보름달

보릿고개 싣고 두둥실

― 「보릿고개」 전문

시인은 옛날을 추억하기 위하여 「우낭소리」를 소환한다. 지금은 가도 우낭소리 간데없고 마을 사람들이 모두 도시로 이사하고 초목에 묻힌 고향이라고 노래하고 있다. 우낭소리에는 어렸을 적 고향의 정서가 묻어있다. 아버지가 쟁기를 등에 지고 소를 몰고 논밭으로 땅을 일구어 농사를 짓던 정서를 소환하고 있다. 힘에 부쳤을 때 아버지가 하던 말을 불러 /우리 좀 쉬었다 하자 /힘들어도 우짜노 /강시레미 논배미 다 갈고 가자/ 고 노래하고 있다. 시인은 아버지 어머니를 극진히 생각하는 효자이기도 하다.

재 너머 봄바람에 누운 소 깨워

쟁기 챙겨 짊어지고

우낭(牛囊) 장단에 콧노래 부르고

오솔길 가는 저 농부

천수답 논갈이하느라

이~랴! 짜라 짜라, 워~워

소 부질 하는 고함소리

메아리치는 깊은 산골

　　　소하고 대화
　　　우리 좀 쉬었다 하자
　　　힘들어도 우짜노
　　　강시레미 논배미 다 갈고 가자

　　　반세기 넘어서 고향을 찾으니
　　　우낭 소리 들리는 듯
　　　오솔길 걷고 싶어도
　　　초목에 묻힌 내 고향
　　　　　　　－「우낭소리」 전문

　옛날에는 신생아기를 낳으면 대문 앞에 「금줄」을 치어놓았다. 지금은 사라진 풍속이지만 의미가 있는 풍습이었다. 각종 전염병이 창궐하던 시기에 나약한 신생아와 산모를 보호하기 위한 풍습이었으니 금줄은 접근 금한다는 표시이니 과학적인 풍습이었다. 그렇게 아이를 낳아 기르던 옛날이 그리운 것이다. 지금은 의학이 발달하여 아기를 낳을 때는 산부인과에서 출산하고 출산 후에는 산후조리원에서 몸을 회복하는 세상에 옛날의 풍습을 생각하며 격세지감을 노래하고 있다고 볼 수 있다. 그런데도 본인에게 찾아온 병은 치료할 수 없으니 시인의 마음을 가늠하기가 어렵기만 하다.

씨줄과 날줄이 사랑해

　　삼신할미가 점지해

　　생명 줄 하나 붙잡고

　　열 달 동안

　　엄마 소우주에 무전취식 하다가

　　삼신할미에 들켜 쫓겨나

　　천지개벽하는 줄 알고

　　목이 터져라 울었지

　　산모와 아기가 있는 신성한 곳

　　부정탈까

　　외부 출입을 막으려고

　　왼쪽으로 꼰 새끼 줄

　　고추와 숯 솔가지를 꿰어

　　문 위에 금줄을 치고

　　삼칠일 동안

　　무사 안녕을 기원하며

　　오천 년 내려오는 풍습

　　　　　– 「금줄」 전문

　　시인은 「초가」라는 시에서 가난했지만 여러 형제와 자라던 유년의 세월을 그리워하고 있다. 방 안에서 문밖을 바라보기 위해 손가락에 침을 발라 문구멍을 내고 마당을 내다보던 추억과 희미한 등잔불 아래 형제들이 어울려 놀던 초가지붕이 들썩였다고 과거를 회상하며 즐거움에 빠지는 것이 시인이 혼자서 시간을 보내는 일상이다. 이렇게 추억을 소환하여 현실의 불편함을 잊고자 하는 심정을 짐작할 수 있는 시이다.

>수천 년 내려오는 초가(草家)
>안방과 작은방 앞 작은 대청마루
>문종이로 바른 댓살 문
>
>장난꾸러기 아이들
>손가락에 침 빨라
>문구멍 쏘옥쏘옥 뚫어 놓고
>문구멍으로 내다보는 예행 연습
>
>서산에 황금빛 노을 질 때
>방안은 희미한 등잔불 아래
>아이들 재롱부리는 소리
>초가지붕 들썩들썩
>
>　　　－「초가」 1~3연

마산공고에 다닐 때 용마산[3]에 올라가 마산시가지를 내려다보며 자신의 앞날을 상상하던 기억을 떠올려 과거를 회상하

---
3) 마산시 용마산(龍馬山) 공원이 있는 산

고 있다. 쪽빛 바다가 젊은 가슴을 적셔 생겨나게 하여 현실과 미래를 오가게 한다.

새벽에 공장으로 출근하여 노을 지면 퇴근하는 청춘 남녀들을 바라보며 자신의 앞날 그 무리들 속에 끼어들 날을 생각하고 있다. 꿈 많은 청춘인데 저 많은 공장 속에 갇힐 것을 생각하니 자신이 찬바람에 흩날리는 낙엽 같아 나래를 펼 수 없다고 한탄하고 있다. 어린 시절에 자신의 미래를 예감하고 올망졸망한 섬을 돌아가는 작은 배들의 뱃고동 소리가 용마산에 앉아있는 자신을 울린다고 노래했다. 그 예감대로 포스코에 취직하여 평생을 일하다가 병석에 누워있으니 어찌 마른 눈물이 아니 날 수 있겠는가.

여명이 밝아오면
거리로 쏟아진 청춘 남녀들
거리마다 공장으로 사라진다

서쪽 하늘 황금빛 노을
거리로 쏟아진 청춘 남녀들
휘황찬란한 불빛 아래
종종걸음을 재촉한다

저리도 많은 공장들
꿈 많은 내 청춘

찬바람에 흩날리는 낙엽인 양

나래를 펼 수가 없다

저 멀리 올망졸망한 섬

작은 배들이 돌아가는 포구

한숨 싫은 뱃고동 소리

나를 울리는 용마산

　　　　－「용마산」 2~5연

　젊은 날의 상상은 현실이 되어 포스코 직원이 되어 고등학생 때 용마산에서 바라보던 공장의 일꾼이 되어 의욕적이고 희망찬 포스코 생활을 회상하고 있다. 회사를 위해 자신을 위해 공부하며 일하는 긍지에 찬 젊은 노동자의 패기를 엿볼 수 있다. 그러한 패기가 있었기에 투병 중에도 쉬지 않고 시를 쓰며 자신을 달래고 있는 것이다. 용마산의 꿈은 용처럼 말처럼 인생의 산을 넘고 있다.

아침마다 출근 전쟁

모든 직원들 포스코로 가려고

수많은 자전거로 형산강 다리를 밀고

서문이 비좁다

손에 망치 들고 펜 잡고

선배는 앞에서 끌어주고

후배는 뒤에서 밀고

기간산업 초석을 놓는다

맡은 일은 앞 공정에 맞추고

서로의 입장을 이해하고

열심히 일하면서 배우니까

어느새 멀미가 터지고

제안 특허가 폭죽처럼 터진다

자원(資源)은 유한(有限)

창의(創意)는 무한(無限)

슬로건 아래

포스코(POSCO)는 영원하리라

─「포스코」전문

  시인은 달관하여 행복이 무엇인지를 「행복의 잣대」라는 시로 말하고 있다. 가진 만큼 나누는 행복을 말하며 탐욕이 불행의 씨앗이라고 말하고 있다. /겨자씨 같은 행복 찾으려고/ 세상 탐욕에 멱 잡힐수록/ 불행의 씨앗은 자란다/고 말하며 세상에 있는 것 잠깐 빌려 쓰다가 떠나는 것이 행복이라고 말하며 자신을 초월적 경지에 올려놓고 현실의 어려움을 참아내고 있다.

뭉게구름같이 흘러가는 인생

행복의 잣대도 없고

불행의 잣대도 없고

가진 만큼 나누는 행복

멀고도 가까운 인생

희로애락(喜怒哀樂)도

스쳐 가는 바람처럼

나도 모르게 스치는 세월

세월의 소용돌이 속

겨자씨 같은 행복 찾으려고

세상 탐욕에 멱 잡힐수록

불행의 씨앗은 자란다

하늘나라로 가는 날까지

이 세상에 있는 것

잠깐 빌려 쓰다가

떠나는 행복

　　　– 「행복의 잣대」 전문

　병자의 인생관은 비관적일 수 있는데 하 시인의 인생관은 아주 낙천적이라는 것을 그의 시 「인생 1」을 통해 알 수 있다.

한 치 앞도 모르는 인생

　　　하느님이 부르시면

　　　언제 어디서나

　　　하던 일 멈추고 달려가리

　　　　　　-「인생 1 3~4연」

　그래도 인간인지라 자신의 인생을 반성하기도 한다.「인생 2」에서 인생길 종착역에 다다르면 태어나기 이전 상태로 돌아가는 것이니 남자가 어디 있고 여자가 어디 있으며 빈부귀천이 어디 있단 말인가 하고 달관의 경지에 이른다. 달리는 세월에 잠깐 승차하고 언제 어디서 그분이 하차하라 하시면 하차하겠다는 결연한 의지가 그가 삶을 사는 힘이다.

　　　가깝고도 먼 인생길

　　　종착역에 다다르면

　　　남녀노소 빈부귀천 따로 없네

　　　달리는 세월에 잠깐 승차하고

　　　빨리 가라고

　　　등 떠밀어도

　　　가지 말라고 바짓가랑이 붙잡아도

그분이 찾아오시면

언제 어디서

하차하는 인생

  －「인생 2 전문」

Ⅳ. 산사의 숨소리

  자기 부인을 「로또 부인」이라고 노래하고 있다. 배필을 잘 만나 평생을 잘 살아온 자신은 로또 부인을 만난 것이다. 예의범절, 집안 대소사일, 농사일 못하는 게 없어 동네 사람 칭송이 자자하고 시인의 어머니께서도 '버릴 게 하나도 없다.'고 하셨으니 열녀비를 세워주어야 한다는 큰형님 말씀에 크게 공감하고 있다. 게다가 병석에 누운 남편 수발을 지극정성으로 해주니 자기 인생에 로또를 만난 것이라고 아내에게 고백하고 있다.

문중에 덕망 높은 큰형님 말씀

"당대 최고의 여인이다.

 열녀비 세워주라"

우리 가문에 보배 같은 당신

예의범절 실천하는 당신

집안일도 농사일도 척척

고향마을에 칭송이 자자

어머니도 버릴 게 하나 없다 하시고

병석에 누운 보잘것없는 남편

강산이 두 번 바뀌도록

지극정성 수발하는 당신

내 인생에 로또

　　－「로또 부인 2~4연」

「주님」이라는 시에서 시를 쓸 수 있도록 은총을 주셔서 감사하다고 말하고 있다. 그가 삶을 버티는 힘은 시를 떠올리는 창조의 시간에서 얻고 있기 때문이다. 어디에서 오는지 검은 빛 한줄기가 밝음을 하나 둘 밀어낼 때마다 겹쳐지는 가족이 느끼는 슬픔을 안타까워하며 갈기갈기 찢겨 어설피 물든 단풍이지만 가는 날까지 주님께 찬미하며 흠모와 숭배의 예를 올리고 있다.

육신은 이름 모를 벌레가 파먹고

잠자는 영혼을 일깨워

펜 잡을 수 있도록

은총을 주신 주님

이 세상에 가장 잔인한 병

　　검은빛 한줄기

　　밝음 하나 둘 밀어낼 때마다

　　겹쳐지는 가족 슬픔

　　어설피 단풍 든 육신

　　갈가리 찢긴 영혼

　　삶을 주신 주님 곁에

　　가는 날까지 찬미와 흠숭을

　　　　　－「주님 2~4연」

　시인은 아내를 지극히 사랑하고 흠모하고 있다. 「백학」이라는 시에서 둘이서 만나 백년가약을 맺은 것을 금실 좋은 백학 부부로 비유해 노래하고 있다. 백학 부부는 한쪽이 죽으면 재혼하지 않고 여생을 자식들과 함께 산다고 한 것은 자신이 먼저 갈 것으로 생각하며 사후의 정황을 상상하고 있다. 이것은 사랑하는 아내에 대한 애증을 표현하는 시인의 숭고한 마음이다. 이런 생각에 젖어 글을 짓는 순간 울적함에 마른 울음에 눈시울이 젖지 않을 수 없었을 것이다.

　　빨간 족두리 쓰고

　　황갈색 연지 바르고

　　까맣게 눈썹 그리고

긴 목에 까만 목도리

날개 끝 까만 포인트 주고
긴 다리에 회색 스타킹 신고
하얀 드레스 입은 우아한 자태
백년가약 맺으면
금실 좋기로 소문난 부부

두루미는 겨울 철새
머나먼 시베리아에 찾아와
횅한 들녘과 차가운 강가서
매일 먹거리 찾아 헤매다가
아무리 춥고 배고파도
남의 것 탐하지 않네

서쪽 하늘 노을 질 때
청솔 숲 돌아와 노닐다가
자라목 잠자고
청빈하게 살다
한쪽이 죽으면 재혼하지 않고
여생은 자식들과 함께 살고
일편단심 임 그리는 백학
— 「백학 전문」

시인은 「산사」에서 그의 정서가 근원에 이른다. 그가 산사에 간 것이 아니라 상상으로 산사를 찾아간 것 같다. 병풍처럼 둘러친 높은 산 속에서 스님들은 이미 천당에 가 있는데 중생은 조석으로 빌어도 한평생 하소연이나 하며 사회에 정을 베풀지 못했으니 처마 끝에 매달린 풍경 같은 신세라고 한탄하며 세상 오욕이 촛농되어 흐르기를 바라며 스님들 예불 소리와 함께 사라지기를 시인은 바라고 있다. 스님들의 예불을 상상하며 자신의 절대 고독의 순간을 표현하고 있다. 하 시인은 산사에 가지 않았어도 매일 밤이나 낮이나 선경에 드는 때가 많은 것 같다.

>병풍처럼 둘러친 높은 산
>스님들 천당 가는 길
>
>조석(朝夕)으로 빌어도
>중생들 한평생 하소연
>사회에 못다 베푼 정
>
>처마 끝에 우는 풍경
>심신을 매달고
>세상 오욕이 촛농 되어 흐르고
>스님들 예불 소리
>대웅전 용마루를 넘어가네
>　　　　　　 -「산사 전문」

그런가 하면 세상 삼라만상을 관조하며 삶의 의미를 찾는 사색이 시인의 일상이 되었다.「잎사귀」라는 시에서도 시인의 인간성을 엿볼 수 있다. 꽃이 꽃으로 나뭇가지에 피어있을 때만 아름다운 것이 아니라 이파리가 하나씩 떨어져 땅바닥에 떨어졌을 때도 아름답다는 것이다. 어디 꽃잎뿐이겠는가? 나무 잎사귀도 마찬가지다 하늘 향해 나뭇가지에 매달려있을 때만 아름다운 것이 아니라 땅바닥에 떨어져 오가는 행인들에게 짓밟혀도 하나의 꽃잎처럼 아름답다는 것이다.

세상에 존재하는 것 모두 꽃이 아닌 것이 없으며 귀하지 않은 존재는 없다. 세상 사람도 마찬가지다. 남녀노소가 어디 있나 모두 귀한 존재이지 어린이는 귀엽고 늙은이는 존귀하고 병자는 가엾으니 아끼고 사랑으로 보호해야 한다는 진리를 웅변하고 있는 시이다. 이 시를 통해 세상에 존재하는 모든 것이 다 꽃이라고 확대 해석을 하게 한다.

> 하나하나가 작은 꽃
>
> 형형색색 떨어진 잎
>
> 행인들에 짓밟히고
>
> 찬바람에 이리저리 나뒹굴어도
>
> 잎사귀도 하나의 꽃
>
> 　　　　　－「잎사귀 4연」

하 시인은 젊었을 때 낚시를 즐겨하였나 보다. 낚시라는 시를 보면 고기를 낚는 재미보다 혼자서 고요한 사유의 시간을 갖기 위한 것이었다. 「밤바다 낚시」를 보면 /더께더께 찌든 삶의 찌꺼기/바닷물에 씻으려는 꾼/발아래 파도가 하는 말/채우지 못할 세상 욕심/모두 내려놓아라/ 라는 시는 파도가 하는 말이라고 하면서 '채우지 못할 세상 욕심 모두 내려놓아라'라는 언어를 바다에서 건져내고 있다.

「태공의 밤」에서도 고요한 적막 속에서 자신을 성찰해 보고 미래를 설계해 보는 시간을 보내는 것이다. 시인은 산사에서 들려오는 종소리로 영혼을 깨우며 세월 낚는 태공의 밤은 명상에 드는 시간을 즐기는 것이었다.

> 내 걸어온 발자취 성찰해 보고
> 먼 미래도 설계해 보고
> 세월 따라 흘러가는 밤
> 산사에 들려오는 종소리
> 잠자던 새벽을 깨우고
> 찌든 마음은 물안개 타고 두둥실
> 세월 낚은 태공의 밤
> 　　　－「태공의 밤 4연」

「물안개」도 밤낚시에 대한 시이다. 밤의 적막과 새벽에서 아침까지의 변화하는 자연의 분위기에 매료되었다. 고기를 낚는 표현은 볼 수가 없다. 자연에 묻혀 시간과 계절의 변화를 감지하며 자성의 목소리를 건질 수 있었기에 오늘의 투병 생활을 이겨내고 있으며 시적 감성을 시로 표현할 수 있다고 본다. 시인은 물을 좋아하여 바다를 찾거나 냇가에서 다슬기도 줍고 낚시하며 물을 즐기고 있다. 요산요수(樂山樂水)하는 사람이 시인이니 이미 시인의 요인을 가지고 있었다.

>새벽이 가까워질수록
>기온 점점 떨어지고
>스멀스멀 피어나는 물안개
>까만 밤 하얀 밤 지새우고
>동쪽 하늘이 밝아오면
>투명한 세계로 표백되어
>풀잎마다 은구슬 매달고
>흠뻑 젖은 낚싯대를 걷어
>물안개 속으로 사라지는 태공
>─「물안개 3연」

하홍규 시인은 그의 시 「담쟁이」에서 노년 병자의 모습이 아닌 젊은 청년의 목소리로 자신의 의지를 표현하고 있다. 여기에는 그가 세상을 사랑하고 있음에 주목해야 한다. 병고를 이기고 살아남기 위한 이기적 욕망에 머무르는 것이 아닌 탐욕에 묻힌 세상 일깨우려 무언의 메시지를 숨 쉬는 그날까지

발산하겠다는 것이다. 때로는 시를 쓰지만 글로 표현되지 못하는 내면의 정서를 건강하게 유지하겠다는 의지의 표현에 박수를 보낸다.

> 탐욕에 묻힌 세상 일깨우려
> 무언의 메시지
> 숨 쉬는 그날까지
> 어떤 조건도 포기하지 말고
> 담쟁이처럼 목표를 향해
> 뚜벅뚜벅 걸어가리
> 　　　－「담쟁이 3연」

V. 어머니의 땅을 지키는 당산 느티나무

하흥규 시인은 효자이다. 「어머니의 땅」에 마치 어머니께 고하는 메시지처럼 어머니의 자전적 이야기를 펼치고 있다. 어쩌면 자식으로서 어머니가 고생하신 것 다 알고 있다는 고백이기도 하고 자식들에게 할머니가 얼마나 고생해서 이어온 가계인지를 알아서 잘 살아달라는 유언이기도 하다. 하 시인의 어머니는 열여섯에 화왕산 아래 무시듬이라는 동네의 2대 독자에게 시집왔다. 시부모님 모시고 행복하게 사는데 남편을 일본 보국대로 사이판으로 끌려가 밤낮으로 눈물로 지새우다 휴가온 남편을 피신시킨 소설 같은 이야기를 약술하고 있다. 십 남매 낳아 기르다 형과 남동생을 잃은 이야기며 무시듬에서 논밭 일구며 시아버지 삼년상을 치른 효부 어머니를 추모하며 아버지를 먼저 보내고 적막강산에 홀로 사시다 떠나가신 어머니의 땅을 그리고 있다. 여기서 어머니의 땅은 고향 '무시듬'만을 뜻하는 것이 아니다. 지금 하흥규가 사는 이 세상이 어머니의 땅인 것이다.

> 오일장 소전거리에 보내고
> 애지중지 키운 자식 짝지어 주고
> 타향살이 모두 떠나고
> 노부부 행복도 십 년 남짓
> 남편을 북망산에 보내고
> 적막강산(寂寞江山)에 홀로 사시는 어머니
> 한평생 자식 걱정하다가
> 떠나가신 어머니의 땅
> ―「어머니의 땅 8연」

하 시인의 머리에는 항상 '무시듬'이 펼쳐져 있고 당산 느티나무가 우뚝 서 있으며 어머니가 부지런히 논과 밭을 오가고 있다. 아버지도 어머니도 떠나간 마을에 우뚝 서 있는 당산 느티나무가 그의 어머니요 아버지이다. 천년 세월을 부여안은 당산나무 아래 연고도 없는 사람들이 무허가 집을 짓고

역사의 위엄을 모른 채 사는 모습이 못마땅한 것이다. 원래 무시듬에는 일곱 암자를 거느린 '조천사'라는 절이 있었는데 불로 소실되어 절터만 남아 느티나무가 지키고 있는데 무례한 사람들의 행태를 한탄하며 느티나무를 부처처럼 생각하며 자신을 늙은 당산 느티나무에 투영하고 있다.

  탁발승 백팔번뇌 바람결에 싣고
  목탁 소리 아련히 들리는 듯
  긴 세월 감내하고
  절터를 지키는 수호신

  조상 대대로 희로애락을 나누고
  인걸은 수천 번 오가고
  풍상설우(風霜雪雨)가 쉼 없이 괴롭혀
  속 빈 강정 같은 당산 느티나무
       - 「당산 느티나무 3~4연」

인간은 고독한 존재이다. 사랑과 우정이 있어서 고독하고 자식이 있어서 고독하다. 나를 위해 줄 사람을 기대하지만 내가 잘 대해 줄 대상에는 소홀한 것이 인간이다. 그래서 사람은 외로워한다. 그것을 다 깨달을 때는 늙거나 병들어 살아갈 날이 얼마 남지 않은 때이다. 나무가 외롭다고 하던가? 홀로 서 있어도 외롭다고 하지 않고 함께 좋다고 웃지 않는다. 강가의 왜가리는 왜 홀로 서 있는가? 고독 속에서 생각이 솟고 근원을 생각하며 시를 쓰는 것이다.

　울고 싶을 때 울어라. 눈물을 펑펑 흘리며 울고 싶다면 다행이다. 울어서 될 일이라면 무슨 걱정이겠는가. 눈물이 나지 않는 울음도 있다. 소리도 낼 수 없는 울음 남에게 말할 수 없는 말 해도 소용없는 울음이 마른 눈물이다. 흔히 마음이 아픈 때도 있지만 몸이 아파 마음조차 흔들리는 아픔을 앓는 사람이 하흥규 시인이다.

　그러나 그는 이제는 울지 않으며 눈물을 보이지 않는다. 그의 눈물은 시가 되어 우리에게 희망과 힘을 주고 있다. 아픈 몸과 싸우며 정신이 흐트러지지 않기 위해 시를 쓰는 것이다. 시로서 자신의 신세를 한탄하는 것이 아니다. 자연이 주는 메시지에 응답하고 심미적 정서를 사유하는 삶의 패턴을 유지하고 있다. 그가 신체적 활동이 자유롭다면 산문이나 소설로 풀어내도 될 사유의 세계를 가지고 있다.

　모든 창작 활동은 치유의 힘이 있다. 시 창작은 심신을 치유하는 아주 신비한 힘을 가지고 있다. 시 창작 치유의 힘은 창작의 결과물로 탄생한 시가 아니라 심미적 정서가 시어로 변환되면서 완성된 시로 탄생하기까지의 사유 시간이다. 즉 시 창작 과정이라는 치유(healing)의 시간이 필요한 것이다. 이 시집 이후에 바로 제3집이 탄생하기를 바라는 것은 시 치유의 시간을 멈추지 말라는 것이다. 하흥규 시인은 희망이 힘이다. 많은 독자가 그의 시에 공감의 박수 보내주기를 바라며 글을 맺는다.

마른 눈물로 쓴 시

펴낸날 _ 2023년 3월 24일
지은이 _ 하홍규
발행처 _ 기획출판 오름 / 발행인 _ 김태웅
        등록번호 _ 동구 제364-1999-000006호
        등록일자 _ 1999년 2월 25일
        주소 _ 대전광역시 동구 대전로 815번길 125 2층 (삼성동)
        전화 _ 042.637.1486
        팩스 _ 042.637.1288
        e-mail _ orumplus@hanmail.net

ISBN _ 979-11-89486-75-4

값 11,000원

· 잘못된 책은 바꾸어드립니다.
· 지은이와의 협의에 의해 인지는 생략합니다.